LES PETITES
LETTRES POLITIQUES.

Première Lettre.

A Monsieur le Maire, Député et Vicomte de Parcey.

Avant d'entrer en matière, je vous avouerai franchement, Monsieur le Vicomte, que j'ai un peu hésité à vous donner ce titre. J'avais bien entendu parler à Paris d'un VICOMTE DE PARCEY, député du Jura, ministériel renforcé,

Imitant de Conrard le silence prudent *,

dont la boule est inféodée à tous les ministères, passés, présents et à venir; je connaissais aussi un honorable Maire de Dole se nommant RIGOLLIER-PARCEY, et non *de* Parcey; mais je ne pouvais supposer que le modeste bourgeois Rigollier était mon aristocratique vicomte de Paris; et, pour m'éclairer, car j'aime à m'instruire, je pris des informations auprès des gens de l'endroit. Là, on m'expliqua enfin que M. Rigollier, vous-même, Monsieur, avait acheté, sous la Restauration, un titre de vicomte de Parcey, ce qu'on appelait jadis vulgairement une *savonnette à vilain*; et de méchantes langues ajoutaient même que vous n'en étiez ni plus ni moins vilain. Cette

* Boileau.　　　**1843**

allégation, Monsieur le Vicomte, me sembla d'une injustice
révoltante; car ce qu'on a acheté à beaux déniers comptant (et
vous en avez la quittance, j'en suis sûr) n'est-il pas à nous? Vous
avez payé votre noblesse, donc elle vous appartient légitime-
ment, ou il n'y a plus de logique au monde. En dépit, donc,
des faiseurs de cancans de Dole, ville féconde en ce genre,
vous n'êtes plus, à mes yeux, M. Rigollier, mais bien le haut
et puissant vicomte de Parcey.

Mais vous n'êtes pas seulement que cela, quoique ce soit
beaucoup, je le confesse; vous êtes encore Maire et Député,
l'*alpha* et l'*oméga* de la ville. Vous avez le droit de ceindre vos
reins législatifs de l'écharpe municipale et de revêtir votre
abdomen municipal du frac brodé du député. Ce n'est pas
peu d'honneur pour vous et pour les vicomtes futurs de votre
race; et, de prime abord, j'en ai félicité *in globo* vos concitoyens. Cependant, comme j'aime assez à juger par moi-même,
que d'ailleurs depuis tantôt cinq mois j'ai l'honneur d'être
votre administré, quelqu'indigne que j'en sois, je me suis en-
quis auprès de vos compatriotes; j'ai interrogé le grand et le
petit, le riche et le pauvre, le vilain et le noble, le paysan et le
bourgeois; et c'est un pêle-mêle de contradictions, Monsieur
le Vicomte, dont vous ne sauriez vous faire une idée. Dans l'in-
certitude, j'ajournais mon jugement sur vous, crainte de me
tromper; mais je me suis rappelé la maxime d'un moraliste anglais *: *L'homme vertueux ne craint l'espionnage de personne; il
défie la médisance et ne redoute pas même la calomnie.* Et, me
plaisant à croire que comme Maire et Député vous êtes réelle-
ment l'homme vertueux dont parle Johnson, je vais vous rapporter, avec sincérité, ce que j'ai entendu dire sur votre compte.

---

* Samuel Johnson (*The Rambler*).

Les uns (je commence par les plus désagréables, vous réservant les autres *pour la bonne bouche*) prétendent que vous êtes aussi bon Maire que bon Député; vous m'entendez assez, ou, s'il faut m'expliquer plus clairement, que vous êtes, comme Maire, d'une capacité plus qu'équivoque; et que, comme Député, je n'ai qu'à consulter mes souvenirs de Paris. Ils ajoutent même, les méchantes langues, à qui Dieu pardonne! que les gens de Villette disent tout haut que. . . . .
Mais je m'arrête, car ce sont des calomnies insignes, j'en suis convaincu; et, si vous aviez vu de quel ton je les ai rembarrés, vous seriez content de moi, j'en suis sûr. Mais les obstinés ne se sont pas tenus pour battus. Ils m'ont allégué une certaine salle de spectacle, dont vous aviez été le promoteur le plus fervent, à l'effet de laisser à la postérité la plus reculée un *monument* de l'administration des vicomtes de Parcey; votre servilisme, comme ils disent, les impertinents! à tous les ministères, bien que vous vous fussiez présenté, dans le principe, comme député de l'Opposition; votre secrète ambition, enfin, de devenir Pair de France (quoique ce soit, en vérité, bien peu de chose), et de transmettre votre frac législatif à l'unique héritier de votre race. Ont-ils tout dit, enfin, et aurai-je pu moi-même me rendre l'organe de semblables absurdités, si je n'avais eu constamment sous les yeux mon moraliste anglais, et sa maxime : *L'homme vertueux, etc.?*
Mais j'ai hâte de quitter ces médisants, je me trompe, ces calomniateurs, pour arriver à la contre-partie, à ce qu'on appelle les *honnêtes gens*, de petite naissance pourtant; procureurs, avocats, apothicaires, négociants, employés et fournisseurs de la ville, ayant tous, comme on dit *pignon sur rue*; ceux-là, les dignes gens (et je vous les recommande, Monsieur le Vicomte, s'ils ont jamais quelque faveur à solliciter) disent

tout haut, publiquement, que vous êtes un homme *essentiel*,
excellent Maire, et meilleur Député; silencieux, il est vrai,
mais par modestie, et c'est la compagne du véritable talent;
dotant la ville de monuments magnifiques, quoique un peu
chers; envoyant, par votre influence politique, régiment, livres,
tableaux, etc., etc., etc.; que la ville de Dole serait trop heu-
reuse, trop honorée de voir rayonner sur votre front le chapeau
à plumes de la Pairie, et de continuer au fils la confiance qu'elle
a eue dans le père : *qualis pater, talis filius!*

Vous voyez, Monsieur le Vicomte, que je n'affaiblis en rien
tout ce qu'on dit à votre gloire, comme je ne vous ai pas caché
ce qu'on allègue à votre blâme. Par charité chrétienne, je
penche vers vos approbateurs. Mais, indépendant par position
et plus encore par caractère, je veux décidément avoir une
opinion mienne; ne m'en rapporter à personne; mettre de
côté les différents *on dit;* étudier consciencieusement vos
actes, car c'est par là surtout qu'on juge les hommes publics;
et le résultat de cet examen, qui nécessairement sera un peu
long, je vous demanderai la permission de vous le soumettre
dans ma prochaine lettre.

Je suis, en attendant, avec le plus profond respect,

Monsieur le Vicomte,

Le plus respectueux de vos administrés,

Théodore Lesseps,

Littérateur journaliste.

Dole, 28 juin 1843.

Auxonne, Imprimerie de X.-T. Saunié.

LES PETITES
LETTRES POLITIQUES,

Par M. Théodore Lesseps.

Deuxième Lettre.

RÉPONSE

A Monsieur le Marquis XXX, libelliste anonyme,

AVEC

DOCUMENTS ET PIÈCES JUSTIFICATIVES ÉMANANT DE M. MAGDE-
LAINE, PROCUREUR DU ROI, ET DE M. LE DOCTEUR MACHARD.

Prix : 25 centimes.

A DOLE,

CHEZ VERCEY, LIBRAIRE, RUE DES ARÈNES.

1843.

LES PETITES
LETTRES POLITIQUES.

Deuxième Lettre.

A Monsieur le Marquis XXX, libelliste anonyme*.

> Que de calomnies, de haines, de persécutions
> nous attendent dans la rude carrière que nous
> allons parcourir !
> (*Prospectus du Journal* LE FRANC-PARLEUR.)
>
> BASILE. — La calomnie, *bone Deus!* . . .
> (*Le Barbier de Séville*.)

Il y a trois hommes en toi, Marquis : le lâche, le calomnia-
teur, le ridicule. Un mot à chacun de ces nobles personnages.

Et d'abord, Marquis, es-tu bien *marquis?* Tu ne m'en as
guère l'air, ou à peu près, comme *l'autre* est vicomte. Toi,
Marquis ! non, tu me fais l'effet de quelque procureur retors,
de quelque avocat chicaneur et brouillon, de quelque com-
merçant taré, de quelque laide mégère à l'âme enfiellée, de
quelque séïde de notre honorable Maire, de quelque noble enfin
de pacotille. Mais toi, appartenir à cette aristocratie, où le bon
ton, les manières élégantes, la dignité dans le langage et dans
la conduite, sont, en quelque sorte, des devoirs héréditaires !
non, non, tout en toi trahit quelque ignoble *juste-milieu!*

---

* Voir les pièces justificatives (nº 1).

Es-tu même Français? Je ne le crois pas; car si tu l'étais, tu saurais que l'anonymie est l'arme des lâches, et de ces misérables écrivains qui déshonorent la plus vitale de nos libertés, celle de la Presse.

Tu m'accuses dans ta lettre d'être un aristocrate, d'être inspiré (pourquoi n'as-tu même pas dit: *payé?*) par la noblesse. A ce propos, tu mêles le nom d'un vrai Marquis, lui, M. de Vaulchier, homme honorable aux yeux de tous les hommes honnêtes, dans tes accusations calomnieuses. Après ce que je viens de dire de lui, sans le connaître personnellement pas plus que le Grand-Turc, tu vas sans doute crier de plus belle *à l'aristocrate!* Permis à toi; mais je ne veux même pas te laisser cette petite consolation. A cet effet, je suis bien aise de le déclarer, à toi et à la *bande noire* dont tu es le bouc émissaire, que je suis dévoué de toutes les puissances de mon âme et de ma raison AUX PRINCIPES DÉMOCRATIQUES; qu'à cette sainte cause du peuple j'ai dévoué, depuis long-temps, mon repos, mon intelligence, ma liberté, ma vie, au besoin; et que j'ai la Foi qu'elle triomphera tôt ou tard, malgré les Tartufes et les Macaires de toutes les couleurs. Est-ce clair? est-ce *franc?* es-tu content, Marquis?

Tu me rappelles enfin *une petite station que j'ai faite aux Capucins;* pas tant petite, Marquis, car elle a duré trois ans. Les puissantes cervelles dont tu es l'avocat, jugent en outre qu'un *séjour dans la gracieuse maison de plaisance des* CARMES ne pourrait encore me faire que du bien: merci, merci, cher Marquis, de leurs excellentes intentions. M'offrir la table, le logement, l'éclairage, etc., gratis! c'est une pensée généreuse, qui me donne l'idée la plus avantageuse de la munificence de tes patrons. Tu plaisantes ensuite *sur mon cœur tendre et sensible,* si cruellement ravagé par les chagrins d'amour; tu te railles *de la plus respectable, de la plus touchante des infor-* *tunes* * pour tout homme qui n'a pas abjuré tout sentiment d'humanité, je dirai même de convenances : c'est grand, c'est beau, c'est *noble*, va, comme ton patron. Hommage à toi, hommage à lui !

Tiens, Marquis, tu vas me prendre pour un *original*, mais je te déclare, avec la franchise qui m'est particulière, que, s'il est une époque dont je sois fier, glorieux presque, c'est celle de cette *petite station à la Capucinière*, que tu me jettes à la face comme une injure pour le passé, comme une flétrissure morale sur tout mon avenir. Mais ici, ce n'est pas à un vil goujat comme toi que je veux m'adresser, c'est au public Dolois, à mes concitoyens adoptifs, à mes ennemis politiques et municipaux eux-mêmes, qui conservent encore quelque dignité d'homme. Je te repousse donc d'un pied dédaigneux ; plus tard je reviendrai à toi et à ton vicomte.

Né dans une petite ville du midi, limitrophe de l'Espagne, (Bayonne), mon caractère, mon organisation tiennent beaucoup du peuple Castillan. Les grands spectacles de la nature, un pays accidenté et pittoresque, un ciel d'un bleu d'azur, un beau fleuve, une gracieuse et limpide rivière, la mer, les montagnes, rendirent de bonne heure mon imagination rêveuse et romanesque. Mon premier apprentissage à la douleur morale fut, à ma sortie du collége, la perte de ma mère. Mon Dieu ! mon Dieu ! que t'avais-je donc fait pour me priver de cette conseillère si sûre, de cette confidente chérie de mes plus secrètes pensées, de cette tendresse maternelle inépuisable, qui allait au-devant de toutes mes pensées, qui dirigeait et reprenait toutes mes fougues juvéniles ? Ma mère, ma mère ! pour-

* Le duc de la Rochefoucauld-Liancourt.

quôi as-tu abandonné si jeune ton pauvre enfant? Mais écartons ces souvenirs poignants, qui me déchirent encore le cœur après plus de quinze ans.

Dans le mois de mai 1835, je me résolus à quitter Paris, où j'étais employé chez mon oncle, M. Jean Lesseps, banquier, en qualité de caissier et de chef de correspondance, pour aller faire un voyage d'un ou deux mois en Suisse. Les motifs de cette détermination étaient le besoin de me distraire d'une passion malheureuse, de m'éloigner de la femme adorée qui en était l'objet; car je l'aimais tant, que je craignais toujours que quelque démarche imprudente de ma part vînt la compromettre. J'allais en Suisse en effet; je vis Genève, son lac délicieux, les charmantes campagnes du canton de Vaud; et, après un voyage semé des épisodes les plus divers, les plus dramatiques, et que je publierai peut-être un jour, j'arrivais à Dole, où j'avais l'intention, malgré ma mauvaise vue, de m'engager dans le 2ᵉ régiment de hussards; préférant ce parti extrême à la nécessité de baisser pavillon devant les grands parents. Je me présentai à M. de Chabanne, colonel de ce corps, qui me fit visiter par un chirurgien. J'étais sur le point d'être admis comme volontaire, lorsqu'une querelle d'Allemand que me fit un officier se trouvant en état d'ivresse, pour laquelle il eut au reste le courage et la loyauté de me faire ensuite ses excuses, vint détruire tous mes projets d'engagement, l'affaire étant parvenue jusqu'aux oreilles du colonel. Les souffrances physiques et morales que j'avais éprouvées, mon état de détresse pécuniaire, tout était fait pour porter à l'extrême mon imagination, ma sensibilité. Épuisé de douleur, je me traînais comme je pus à l'hôpital de cette ville, où, à peine arrivé, je fus saisi d'une attaque de nerfs : je demandais un bain pour me soulager; on me dit qu'il fallait un *firman* des hautes puissances, et

l'on me saigna provisoirement, ce qui, dans ma position, était
le pire des remèdes. Deux heures après, je quittai l'hôpital
pour aller à pied à Auxonne m'engager dans un régiment d'ar-
tillerie. Faible, mal vêtu, sans argent, presque sans pain, j'étais
à bout de mes forces morales. Le désespoir de mon âme était si
profond, que la moindre circonstance suffisait pour le porter
à l'extrême. En passant devant le cimetière, il me sembla que
quelqu'un se raillait de ma misère; je le regardai d'un air qui
n'était pas tendre sans doute, car il se tut sur-le-champ. Mais
le vase était plein jusqu'aux bords; une goutte suffisait pour
le faire déborder. Une indignation concentrée fermentait depuis si long-temps dans mon cœur, qu'elle devait faire explo-
sion: c'est ce qui arriva. Je revins sur mes pas, rentrai dans une
auberge de la rue du Vieux-Château. J'y déchirai tous mes pa-
piers, à l'exception de mon passe-port, que j'eus bien soin de
conserver; et puis, livrant l'essor au désespoir le plus terrible, je
proférai publiquement des cris séditieux, et me mis en révolte
ouverte contre une société où l'infortune était si horriblement
persécutée. Ma raison sans doute n'approuvait pas ces écarts,
mais l'indignation était la plus forte; il fallait qu'elle se fît jour
ou qu'elle m'étouffât. Arrêté par la gendarmerie, je fus conduit à la prison, où je fus jeté, malade et souffrant que j'étais,
dans un cachot, sans pain, sans paille, sans eau. J'y ai passé une
des plus cruelles nuits de ma vie. Deux ou trois jours après, je
fus interrogé par M. Amoudru, juge d'instruction. On trouvera cet interrogatoire aux pièces justificatives (n° 2). Si l'on y
trouve la moindre trace d'aliénation mentale, j'avoue que je ne
saurai plus s'il fait jour en plein midi. Huit jours après envi-
ron, M. le docteur Machard, accompagné du concierge Caille,
me conduisit dans son établissement d'aliénés, où j'ai été sé-
questré pendant plus d'un mois, et torturé, par son premier

surveillant, de la manière la plus horrible. Je ne faisais cependant jamais de mal à personne ; je souffrais tout avec une constance, j'ose le dire, digne d'un martyr. Mais c'est à coups de langue que je me vengeais de mes persécuteurs ; que je leur reprochais leurs infamies, leur violation des lois, etc. Pour que le public, au reste, soit mieux éclairé sur cette question, je joins aux pièces justificatives (n° 3) la lettre que M. Magdelaine , Procureur du Roi, a écrite, au nom de M. Machard, à M. Figurey, mon avoué ; on trouvera à la suite ma réponse (n° 4). On verra comment la nécessité me contraignit d'accepter la place de sous-directeur dans cet établissement. Que les personnes qui m'y ont connu, disent si je n'ai pas toujours été rempli de zèle, d'indulgence, de bonté, et pour les chers malheureux qui m'étaient confiés, et pour les domestiques sous mes ordres. En 1838, je me décidai enfin à quitter ce poste, qui ne m'offrait aucun avenir. Je retournai à Paris. L'occasion d'un voyage à Tunis se présenta bientôt ; je le fis par dévouement pour un autre. Des difficultés d'existence amenèrent une nouvelle crise dans ma vie, si tourmentée déjà. Je l'ai supportée avec la même dignité, la même constance, et j'en suis sorti victorieux. Fixé depuis cinq mois à Dole, j'ai vu les abus de l'administration municipale ; j'ai entendu toute une population en gémir tout bas, opprimée qu'elle est par un système de persécutions souterraines et de lâches calomnies. J'ai pris le parti de tous contre de misérables intrigants. J'en ai été récompensé par la calomnie, le libelle, l'outrage, la persécution. N'importe, je m'y attendais. Je poursuivrai ma tâche avec le même zèle, le même dévouement à la cause du peuple ; et, si je ne dois trouver que déceptions et ingratitude de la part des hommes, il est là-haut, j'en ai la consolante espérance, un Juge équitable, qui me tiendra compte de tous les sacrifices que je fais pour mes semblables.

Maintenant mon âme est trop émue par ces déchirants souvenirs, pour que je puisse redescendre jusqu'à mon libelliste et à son noble protégé; mais ce n'est que partie remise. A bientôt donc, Marquis et Vicomte, et je signe, moi, d'un nom honorable et honoré,

Théodore Lesseps,
Littérateur-journaliste.

Dole, 6 juillet 1843.

PIÈCES JUSTIFICATIVES.

Nº 1.

A Monsieur Théodore Lesseps, *Rédacteur du* Franc-Parleur.

Monsieur le Rédacteur,

Qu'il me soit permis de venir vous faire quelques observations. Vous vous intitulez le *Franc-Parleur*; dans votre journal, certes, le titre ne pouvait pas être mieux choisi. La franchise est la première de toutes les qualités : soyez franc, franc comme l'or.

Il y a quelque temps cependant, il nous est tombé entre les mains le premier numéro de votre journal, dans lequel vous adressez aux femmes une galante épître. Hélas! Monsieur, vous pouvez être grand poète, grand littérateur. Vous savez que dans notre siècle les talents sont méconnus, et quelquefois méprisés : chacun s'est écrié que cette pièce était indigne, immorale, anti-religieuse ; que vous y mêliez ce qu'il y avait de plus sacré avec ce qui était le plus profane.

On est allé plus loin, et on a dit (vous m'excuserez, Monsieur, je parle aussi franchement.) que cette petite station que vous êtes allé faire aux Capucins est venue à la suite de la douleur qu'a ressenti votre cœur tendre et sensible, lorsque vous eûtes la douleur de perdre successivement toutes vos maîtresses qui, certes, ont été en grand nombre ; vous en faites une nombreuse nomenclature dans votre feuilleton : et vous êtes franc, Monsieur, ainsi, l'on peut vous croire.

Maintenant vous examinez la vie de Monsieur de Parcey, et je dois vous dire franchement que lorsqu'on accuse quelqu'un, l'accusation doit toujours porter sur des choses graves, sur des délits d'administration ; jusqu'à présent, vous n'avez fait que l'insulter d'une manière plate et ridicule. Que vous importe s'il est noble ou non? Monsieur de Parcey, qui est un homme d'esprit, n'a encore rien répondu à vos sarcasmes ; il les méprise ; certes, il ne peut rien faire de mieux. Mais prenez-y garde, *tant va la cruche à l'eau qu'à la fin elle se brise.*

Tout le monde sait très-bien que ce que vous écrivez contre Monsieur de Parcey vous est suggéré par la noblesse aristocratique et par les partisans de Monsieur de Vaulchier ; tout le monde sait très-bien que vous jouez le rôle de copiste ; ce n'est pas là le rôle d'un homme *franc*. On pense, Monsieur, qu'il serait encore utile pour vous d'aller reprendre un peu de tête aux Carmes ; car vous n'en avez guère, ni guère plus de convenances, sans quoi vous sauriez que ce n'est pas à un jeune homme de critiquer un homme qui a fait ses preuves de bon citoyen, et dont les cheveux commencent à blanchir. Tout le monde s'écrie encore que vous êtes toujours un peu timbré.

Veuillez recevoir mes hommages respectueux,

LE MARQUIS DE XXX.

Pour copie conforme :

THÉODORE LESSEPS.

N° 2.

EXTRAIT des minutes du Greffe du Tribunal de première instance de l'arrondissement de Dole (Jura).

L'an mil huit cent trente-cinq, le seize juin, à deux heures de relevée, nous Claude-Quentin Amoudru, juge d'instruction de l'arrondissement de Dole, département du Jura, assisté de Pierre-François Buchet, notre commis-greffier, assermenté, demeurant à Dole, nous sommes rendu en la maison d'arrêt de ladite ville, à l'effet d'y interroger le sieur Lesseps, y détenu ; où, étant dans la chambre de la geôle, nous avons fait paraître ledit sieur Lesseps, que nous avons interrogé ainsi qu'il suit :

Demande. — Quels sont vos nom, prénoms, âge, état, profession, lieu d'origine et demeure?

Réponse. — Je m'appelle Jean-Théodore Lesseps, âgé de vingt-quatre ans, originaire de Bayonne, caissier de la maison de banque Jean Lesseps, à Paris, domicilié en ladite ville.

D. — Etes-vous marié?

R. — Non.

D. — Avez-vous encore vos père et mère?

R. — Non, ils sont l'un et l'autre décédés à Bayonne, ma mère en mil huit cent vingt-sept, et mon père en mil huit cent trente-deux, autant que je puis m'en souvenir.

D. — Avez-vous quelques propriétés?

R. — Oui, je possède une maison à Bayonne, indivise avec mon frère, laquelle maison peut valoir une vingtaine de mille francs.

D. — Le sieur Jean Lesseps, banquier à Paris, dont vous vous dites le caissier, est sans doute votre parent?

R. — Oui, c'est mon propre oncle, le frère de mon père.

D. — Y a-t-il long-temps que vous avez quitté Paris?

R. — Le vingt-trois mai dernier, jour de la délivrance de mon passe-port.

D. — Pourquoi vous êtes-vous décidé à quitter Paris?

R. — Pour aller en Suisse, chercher des distractions dont j'avais le plus grand besoin.

Ayant donné connaissance au sieur Lesseps du procès-verbal qui a été rédigé contre lui, par la gendarmerie de cette ville, le quatorze du présent mois,

Il a répondu à nos interpellations qu'il était vrai qu'il avait crié publiquement et à plusieurs reprises, dans la rue des Arênes de cette ville, ainsi que ledit procès-verbal l'énonçait : A bas Louis-Philippe, et vive la République; mais qu'il était faux qu'il eût tenu des propos injurieux à messieurs les officiers du deuxième régiment de hussards en garnison en cette ville, pour lesquels il professe, au contraire, les sentiments de l'estime la plus cordiale, bien que l'un de ces officiers se fût conduit envers lui, répondant d'une manière qu'il ne veut pas qualifier; qu'au reste, s'il a crié : vive la République, c'est simplement par suite d'exaltation et d'exaspération, attendu qu'il n'est nullement républicain français.

D. — Avez-vous déjà été repris de justice?

R. — Jamais; aussi me suis-je toujours comporté en homme d'honneur.

Plus n'a été interrogé; lecture à lui faite du présent interrogatoire, il a dit que ses réponses contiennent vérité, y a persisté, et a signé avec nous et le commis-greffier.

Signé à la minute, J.-T. Lesseps; C.-Q. Amoudru; et Buchet, commis-greffier.

De tout quoi nous avons rédigé et clos le présent procès-verbal, signé de nous et du commis-greffier; et avons décerné mandat de dépôt contre le prévenu, qui lui a été notifié par l'huissier Raffour.

Signé à la minute, C. Q. Amoudru, et Buchet, commis-greffier.

Soit communiqué à M. le Procureur du Roi.

Dole, le seize juin mil huit cent trente-cinq.

Signé à la minute, C.-Q. Amoudru.

Pour expédition délivrée, en vertu d'autorisation de M. le Procureur-général, au sieur Lesseps.

BUCHET, commis-greffier.

N° 3.

Dole, le 2 juillet 1845.

A Monsieur FIGUREY, *Avoué à Dole.*

Monsieur,

J'ai communiqué à M. Machard la lettre que vous m'avez écrite, concernant un projet d'arrangement entre M. Lesseps et lui.

Il m'a d'abord fait remarquer qu'il ne pouvait être question de transaction lorsqu'il n'y avait pas de procès, et que, raisonnablement il ne pouvait y en avoir; que, faire une déclaration au moyen de laquelle M. Lesseps renoncerait à l'exercice d'un droit qu'il prétend avoir contre lui, serait en quelque sorte lui reconnaître *ce droit*, et M. Machard le lui refuse.

Cependant, et comme la conduite *extraordinaire* de M. Lesseps à son égard, n'a point détruit les sentiments de bienveillance qu'il a toujours eu pour lui, si une déclaration de sa part peut lui être de quelque *utilité*, il le fera sans aucune condition.

Il déclarera, selon la vérité et son intime conviction, que M. Lesseps, lorsqu'il a été admis dans la maison de santé dirigée par M. Machard, il était sous le poids d'une excitation intellectuelle dépendante d'une excessive tention du système nerveux, suite des chagrins causés par une passion contrariée, et en outre par les fatigues physiques qu'il venait d'éprouver dans un voyage en Suisse. M. Machard ajoutera que l'excitation dont il est question se traduisait seulement par une suractivité des sentations et de la conception, qui donnait aux discours et aux actes de M. Lesseps un caractère d'excentricité, que n'eût pas toujours approuvé la froide raison. Toutefois, toujours maître de sa volonté et de son intelligence, dans la manière de raisonner selon ses vues, M. Lesseps était toujours logique et conséquent; en un mot, il n'y avait chez lui qu'abondance d'idées et excès d'imagination.

Quelques semaines de repos, d'une vie moins agacée, et l'absence des causes qui l'avaient tourmenté, rendirent bientôt le calme à son

-esprit, et M. Lesseps serait rentré aussitôt dans sa famille, si, d'abord,
des motifs qui lui étaient particuliers, et, plus tard, la longue absence
de M. son frère qui était en Espagne, ne l'avaient engagé à prolonger
son séjour près de M. Machard.

Il ajoutera encore que, pendant la durée de ce long séjour (près de
deux années), M. Lesseps a été on ne peut mieux, et même a montré
une raison et un à-plomb au-dessus de son âge; de telle sorte que, au
mois d'avril 1837, M. Machard lui proposa l'emploi de sous-directeur,
qu'il accepta et dont il s'acquitta avec une intelligence et une entente
parfaites, et à la grande satisfaction de M. Machard, qui, pour reconnaître ses bons services, lui fit accepter, lors de son départ (en
juin 1838) *une gratification en dehors de ses émoluments.*

Telle est la déclaration de M. Machard, que j'ai copiée sur une note
qu'il m'a remise. Comme elle est l'expression de la plus exacte vérité,
M. Machard est prêt à la signer, si M. Lesseps ne se contente pas de
mon assertion.

Recevez, Monsieur, l'assurance de ma considération.

MAGDELAINE.

N° 4.

Dole, 6 juillet 1845.

A Monsieur MAGDELAINE, *Procureur du Roi à Dole.*

Monsieur,

M. Figurey, mon avoué, m'a remis la lettre que vous avez bien voulu
lui écrire, à la date du 2 courant, contenant la déclaration que je
demandais à M. Machard, et qu'il me fait par votre entremise. Je m'en
tiens pour satisfait ; votre lettre seulement, Monsieur, demande quelques observations que je vais vous soumettre.

Que M. Machard ne comprenne pas *le droit* que j'aurais de le pour-
suivre devant les Tribunaux, son inexpérience en matière judiciaire me

l'explique ; mais de vous cela m'étonne. Hé quoi, Monsieur, lorsqu'il résulte de la déclaration elle-même de M. Machard que je n'ai jamais été *aliéné*, que je n'ai eu que de *l'excitation intellectuelle* et *sensitive*, de *l'excentricité ; que j'ai toujours été maître de ma volonté* et de *mon intelligence, que j'étais en un mot toujours logique et conséquent ; qu'il n'y a eu chez moi qu'abondance d'idées et excès d'imagination* ; et que, cependant, j'ai été sequestré pendant plus d'un mois, torturé de la manière la plus cruelle, crimes punis par les articles 341 et 342 du Code pénal ; quand cette odieuse captivité a porté le coup le plus funeste à mon avenir, c'est vous, Monsieur le Procureur du Roi, défenseur né de la liberté, de l'honneur des citoyens, qui me contestez encore le droit imprescriptible pendant 10 ans aux termes de la loi, de demander réparation à la justice de mon pays. Toutes les formalités légales, tous les principes de logique et d'humanité ont été indignement violés contre moi, et les coupables, parce qu'ils sont puissants, sont impunis ! Quel étrange renversement de la Morale et de la Justice !

Les occupations dont je suis surchargé et que me donne même dans ce moment votre confrère de Dijon, ne me permettent pas d'user de ce que je crois un droit inviolable. Mais je n'y renonce pas absolument; plus tard je verrai.

Recevez, Monsieur, la nouvelle assurance des sentiments d'estime et d'affection que vous me connaissez pour vous.

THÉODORE LESSEPS.

Auxonne, Imprimerie de X.-T. Saunié.

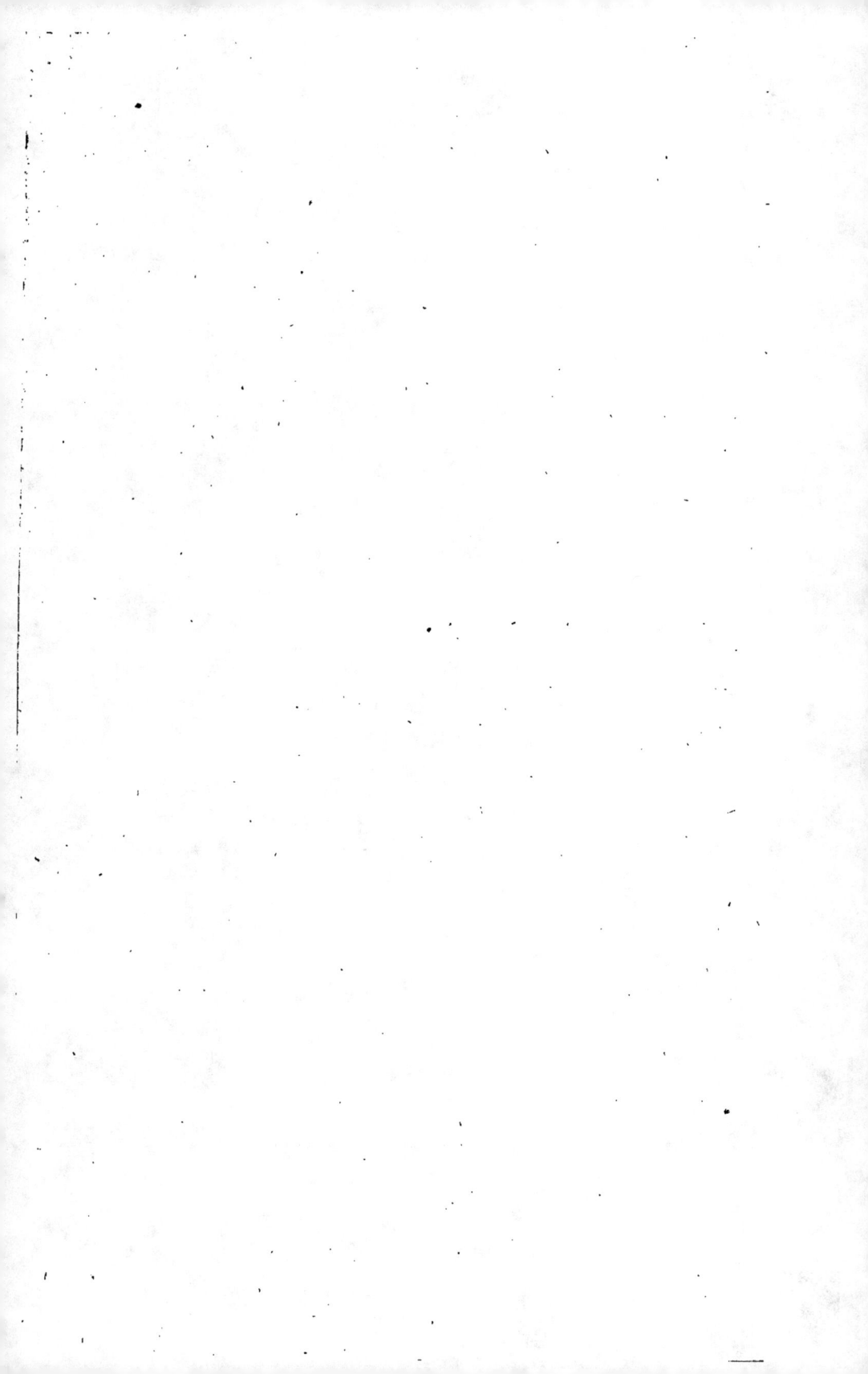

www.ingramcontent.com/pod-product-compliance
Lightning Source LLC
Chambersburg PA
CBHW060712280326
41933CB00012B/2401